Pela luz dos olhos teus

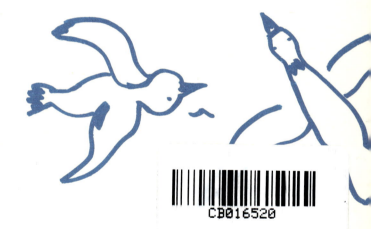

VINICIUS
Pela luz dos

de Moraes
olhos Teus

ILUSTRAÇÕES DE FILIPE JARDIM

COMPANHIA DAS LETRAS

Sumário

10	Poema dos olhos da amada
13	Soneto do maior amor
14	A mulher que passa
17	Ternura
20	Soneto do Corifeu
21	Carne
22	A brusca poesia da mulher amada
23	Soneto do amor total
26	Ausência
28	Retrato de Maria Lúcia
29	Soneto de Montevidéu
30	Cântico
41	*Petite histoire naturelle* POEMA DE PAZES
42	Soneto de contrição
43	O mais-que-perfeito
44	Namorados no mirante
45	Soneto do amor como um rio
48	Um beijo
50	Soneto de inspiração
51	Amor
52	Na esperança de teus olhos
55	Soneto de fidelidade
58	REFERÊNCIAS DOS POEMAS

**Poema
dos olhos
da amada**

Ó minha amada
Que olhos os teus
São cais noturnos
Cheios de adeus
São docas mansas
Trilhando luzes
Que brilham longe
Longe nos breus...

Ó minha amada
Que olhos os teus
Quanto mistério
Nos olhos teus
Quantos saveiros
Quantos navios
Quantos naufrágios
Nos olhos teus...

Ó minha amada
Que olhos os teus
Se Deus houvera
Fizera-os Deus
Pois não os fizera
Quem não soubera
Que há muitas eras
Nos olhos teus.

Soneto do maior amor

Maior amor nem mais estranho existe
Que o meu, que não sossega a coisa amada
E quando a sente alegre, fica triste
E se a vê descontente, dá risada.

E que só fica em paz se lhe resiste
O amado coração, e que se agrada
Mais da eterna aventura em que persiste
Que de uma vida mal-aventurada.

Louco amor meu, que quando toca, fere
E quando fere vibra, mas prefere
Ferir a fenecer — e vive a esmo

Fiel à sua lei de cada instante
Desassombrado, doido, delirante
Numa paixão de tudo e de si mesmo.

[OXFORD, 1938]

A mulher
que passa

Meu Deus, eu quero a mulher que passa.
Seu dorso frio é um campo de lírios
Tem sete cores nos seus cabelos
Sete esperanças na boca fresca!

Oh! como és linda, mulher que passas
Que me sacias e suplicias
Dentro das noites, dentro dos dias!

Teus sentimentos são poesia
Teus sofrimentos, melancolia.
Teus pelos leves são relva boa
Fresca e macia.
Teus belos braços são cisnes mansos
Longe das vozes da ventania.

Meu Deus, eu quero a mulher que passa!

Como te adoro, mulher que passas
Que vens e passas, que me sacias
Dentro das noites, dentro dos dias!
Por que me faltas, se te procuro?
Por que me odeias quando te juro
Que te perdia se me encontravas
E me encontrava se te perdias?

Ternura

Eu te peço perdão por te amar de repente
Embora o meu amor seja uma velha canção
       [nos teus ouvidos
Das horas que passei à sombra dos teus gestos
Bebendo em tua boca o perfume dos sorrisos
Das noites que vivi acalentado
Pela graça indizível dos teus passos eternamente
       [fugindo
Trago a doçura dos que aceitam melancolicamente.
E posso te dizer que o grande afeto que te deixo
Não traz o exaspero das lágrimas nem
       [a fascinação das promessas
Nem as misteriosas palavras dos véus da alma...
É um sossego, uma unção, um transbordamento
       [de carícias
E só te pede que te repouses quieta, muito quieta
E deixes que as mãos cálidas da noite encontrem
       [sem fatalidade o olhar extático
       [da aurora.

Soneto do Corifeu

São demais os perigos desta vida
Para quem tem paixão, principalmente
Quando uma lua surge de repente
E se deixa no céu, como esquecida.

E se ao luar que atua desvairado
Vem se unir uma música qualquer
Aí então é preciso ter cuidado
Porque deve andar perto uma mulher.

Deve andar perto uma mulher que é feita
De música, luar e sentimento
E que a vida não quer, de tão perfeita.

Uma mulher que é como a própria Lua:
Tão linda que só espalha sofrimento
Tão cheia de pudor que vive nua.

[RIO, 1956]

Carne

Que importa se a distância estende entre nós
　　　　　[léguas e léguas
Que importa se existe entre nós muitas montanhas?
O mesmo céu nos cobre
E a mesma terra liga nossos pés.
No céu e na terra é tua carne que palpita
Em tudo eu sinto o teu olhar se desdobrando
Na carícia violenta do teu beijo.
Que importa a distância e que importa a montanha
Se tu és a extensão da carne
Sempre presente?

A brusca poesia
da mulher amada

Longe dos pescadores os rios infindáveis vão
[morrendo de sede lentamente...
Eles foram vistos caminhando de noite para
[o amor — oh, a mulher amada
[é como a fonte!
A mulher amada é como o pensamento do
[filósofo sofrendo
A mulher amada é como o lago dormindo no
[cerro perdido
Mas quem é essa misteriosa que é como um
[círio crepitando no peito?
Essa que tem olhos, lábios e dedos dentro da
[forma inexistente?

Pelo trigo a nascer nas campinas de sol a terra
[amorosa elevou a face pálida
[dos lírios
E os lavradores foram se mudando em príncipes
[de mãos finas e rostos
[transfigurados...

Oh, a mulher amada é como a onda sozinha
[correndo distante das praias
Pousada no fundo estará a estrela, e mais além.

Soneto do amor total

Amo-te tanto, meu amor... não cante
O humano coração com mais verdade...
Amo-te como amigo e como amante
Numa sempre diversa realidade

Amo-te afim, de um calmo amor prestante,
E te amo além, presente na saudade.
Amo-te, enfim, com grande liberdade
Dentro da eternidade e a cada instante.

Amo-te como um bicho, simplesmente
De um amor sem mistério e sem virtude
Com um desejo maciço e permanente.

E de te amar assim muito e amiúde,
É que um dia em teu corpo de repente
Hei de morrer de amar mais do que pude.

[RIO, 1951]

Ausência

Eu deixarei que morra em mim o desejo de amar
    [os teus olhos que são doces
Porque nada te poderei dar senão a mágoa de
    [me veres eternamente exausto.
No entanto a tua presença é qualquer coisa
    [como a luz e a vida
E eu sinto que em meu gesto existe o teu gesto e
    [em minha voz a tua voz.
Não te quero ter porque em meu ser tudo estaria
    [terminado
Quero só que surjas em mim como a fé nos
    [desesperados
Para que eu possa levar uma gota de orvalho
    [nesta terra amaldiçoada
Que ficou sobre a minha carne como uma
    [nódoa do passado.
Eu deixarei... tu irás e encostarás a tua face em
    [outra face
Teus dedos enlaçarão outros dedos e tu
    [desabrocharás para a madrugada
Mas tu não saberás que quem te colheu fui eu,
    [porque eu fui o grande íntimo da noite
Porque eu encostei minha face na face
    [da noite e ouvi a tua fala amorosa

Porque meus dedos enlaçaram os dedos
           [da névoa suspensos no espaço
E eu trouxe até mim a misteriosa essência
           [do teu abandono desordenado.
Eu ficarei só como os veleiros nos portos
           [silenciosos
Mas eu te possuirei mais que ninguém porque
           [poderei partir
E todas as lamentações do mar, do vento, do céu,
           [das aves, das estrelas
Serão a tua voz presente, a tua voz ausente, a tua
           [voz serenizada.

**Retrato de
Maria Lúcia**

Tu vens de longe; a pedra
Suavizou seu tempo
Para entalhar-te o rosto
Ensimesmado e lento

Teu rosto como um templo
Voltado para o oriente
Remoto como o nunca
Eterno como o sempre

E que subitamente
Se aclara e movimenta
Como se a chuva e o vento

Cedessem seu momento
À pura claridade
Do sol do amor intenso!

[MONTEVIDÉU, 1959]

Soneto de Montevidéu

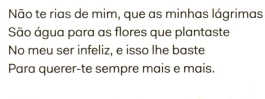

Não te rias de mim, que as minhas lágrimas
São água para as flores que plantaste
No meu ser infeliz, e isso lhe baste
Para querer-te sempre mais e mais.

Não te esqueças de mim, que desvendaste
A calma ao meu olhar ermo de paz
Nem te ausentes de mim quando se gaste
Em ti esse carinho em que te esvais.

Não me ocultes jamais teu rosto; dize-me
Sempre esse manso adeus de quem aguarda
Um novo manso adeus que nunca tarda

Ao amante dulcíssimo que fiz-me
À tua pura imagem, ó anjo da guarda
Que não dás tempo a que a distância cisme.

[MONTEVIDÉU, 1959]

Cântico

Não, tu não és um sonho, és a existência
Tens carne, tens fadiga e tens pudor
No calmo peito teu. Tu és a estrela
Sem nome, és a morada, és a cantiga
Do amor, és luz, és lírio, namorada!
Tu és todo o esplendor, o último claustro
Da elegia sem fim, anjo! mendiga
Do triste verso meu. Ah, fosses nunca
Minha, fosses a ideia, o sentimento
Em mim, fosses a aurora, o céu da aurora
Ausente, amiga, eu não te perderia!
Amada! onde te deixas, onde vagas
Entre as vagas flores? e por que dormes
Entre os vagos rumores do mar? Tu
Primeira, última, trágica, esquecida
De mim! És linda, és alta! és sorridente
És como o verde do trigal maduro
Teus olhos têm a cor do firmamento
Céu castanho da tarde — são teus olhos!
Teu passo arrasta a doce poesia
Do amor! prende o poema em forma e cor
No espaço; para o astro do poente
És o levante, és o Sol! eu sou o gira
O gira, o girassol. És a soberba
Também, a jovem rosa purpurina

És rápida também, como a andorinha!
Doçura! lisa e murmurante... a água
Que corre no chão morno da montanha
És tu; tens muitas emoções; o pássaro
Do trópico inventou teu meigo nome
Duas vezes, de súbito encantado!
Dona do meu amor! sede constante
Do meu corpo de homem! melodia
Da minha poesia extraordinária!
Por que me arrastas? Por que me fascinas?

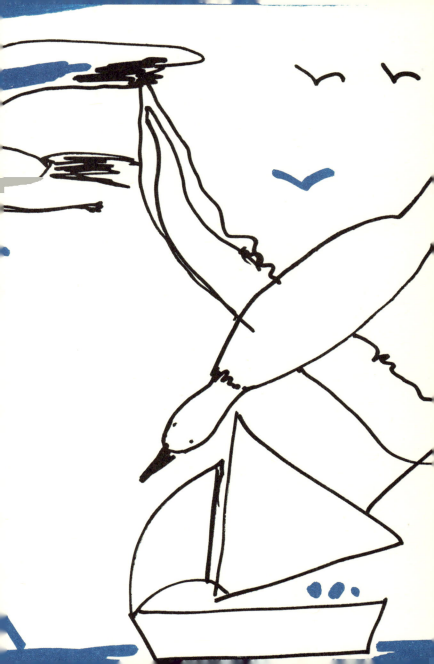

Por que me ensinas a morrer? teu sonho
Me leva o verso à sombra e à claridade.
Sou teu irmão, és minha irmã; padeço
De ti, sou teu cantor humilde e terno
Teu silêncio, teu trêmulo sossego
Triste, onde se arrastam nostalgias
Melancólicas, ah, tão melancólicas...

Amiga, entra de súbito, pergunta
Por mim, se eu continuo a amar-te; ri
Esse riso que é tosse de ternura
Carrega-me em teu seio, louca! sinto
A infância em teu amor! cresçamos juntos
Como se fora agora, e sempre; demos
Nomes graves às coisas impossíveis
Recriemos a mágica do sonho
Lânguida! ah, que o destino nada pode
Contra esse teu langor; és o penúltimo
Lirismo! encosta a tua face fresca
Sobre o meu peito nu, ouves? é cedo
Quanto mais tarde for, mais cedo! a calma
É o último suspiro da poesia
O mar é nosso, a rosa tem seu nome
E recende mais pura ao seu chamado.
Julieta! Carlota! Beatriz!

Oh, deixa-me brincar, que te amo tanto
Que se não brinco, choro, e desse pranto
Desse pranto sem dor, que é o único amigo
Das horas más em que não estás comigo.

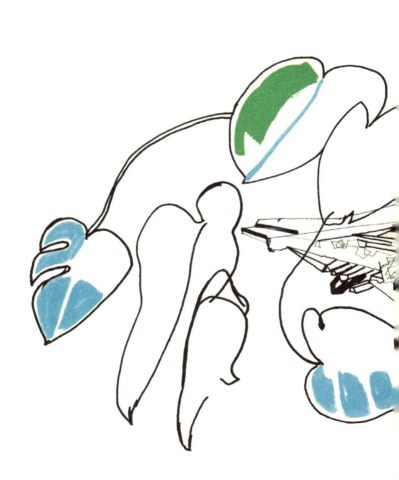

Petite histoire naturelle
POEMA DE PAZES

Ela dá beijos como dão mel
As abelhinhas do céu
Bichinhos tontos fazendo favos
Nos meus desejos, Deus meu!
Ah, que assim tantos e assim tão doces
Até os revendera eu —
Não fossem eles por mim comprados
Nem fosse a dona que os deu.

Soneto de contrição

Eu te amo, Maria, eu te amo tanto
Que o meu peito me dói como em doença
E quanto mais me seja a dor intensa
Mais cresce na minha alma teu encanto.

Como a criança que vagueia o canto
Ante o mistério da amplidão suspensa
Meu coração é um vago de acalanto
Berçando versos de saudade imensa.

Não é maior o coração que a alma
Nem melhor a presença que a saudade
Só te amar é divino, e sentir calma...

E é uma calma tão feita de humildade
Que tão mais te soubesse pertencida
Menos seria eterno em tua vida.

[RIO, 1938]

O mais-que-perfeito

Ah, quem me dera ir-me
Contigo agora
Para um horizonte firme
(Comum, embora...)
Ah, quem me dera ir-me!

Ah, quem me dera amar-te
Sem mais ciúmes
De alguém em algum lugar
Que não presumes...
Ah, quem me dera amar-te!

Ah, quem me dera ver-te
Sempre a meu lado
Sem precisar dizer-te
Jamais: cuidado...
Ah, quem me dera ver-te!

Ah, quem me dera ter-te
Como um lugar
Plantado num chão verde
Para eu morar-te
Morar-te até morrer-te...

[MONTEVIDÉU, 1º DE NOVEMBRO DE 1958]

Namorados no mirante*

Eles eram mais antigos que o silêncio
A perscrutar-se intimamente os sonhos
Tal como duas súbitas estátuas
Em que apenas o olhar restasse humano.
Qualquer toque, por certo, desfaria
Os seus corpos sem tempo em pura cinza.
Remontavam às origens — a realidade
Neles se fez, de substância, imagem.
Dela a face era fria, a que o desejo
Como um íctus, houvesse adormecido
Dele apenas restava o eterno grito
Da espécie — tudo mais tinha morrido.
Caíam lentamente na voragem
Como duas estrelas que gravitam
Juntas para, depois, num grande abraço
Rolarem pelo espaço e se perderem
Transformadas no magma incandescente
Que milênios mais tarde explode em amor
E da matéria reproduz o tempo
Nas galáxias da vida no infinito.

Eles eram mais antigos que o silêncio...

[RIO, 1960]

* Feito para uma fotografia de Luís Carlos Barreto.

Soneto do amor como um rio

Este infinito amor de um ano faz
Que é maior do que o tempo e do que tudo
Este amor que é real, e que, contudo
Eu já não cria que existisse mais.

Este amor que surgiu insuspeitado
E que dentro do drama fez-se em paz
Este amor que é o túmulo onde jaz
Meu corpo para sempre sepultado.

Este amor meu é como um rio; um rio
Noturno, interminável e tardio
A deslizar macio pelo ermo

E que em seu curso sideral me leva
Iluminado de paixão na treva
Para o espaço sem fim de um mar sem termo.

[MONTEVIDÉU, 1959]

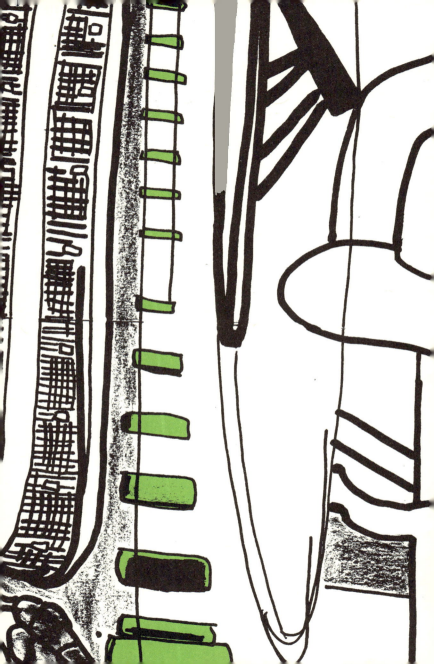

Um beijo

Um minuto o nosso beijo
Um só minuto; no entanto
Nesse minuto de beijo
Quantos segundos de espanto!
Quantas mães e esposas loucas
Pelo drama de um momento
Quantos milhares de bocas
Uivando de sofrimento!
Quantas crianças nascendo
Para morrer em seguida
Quanta carne se rompendo
Quanta morte pela vida!
Quantos adeuses efêmeros
Tornados o último adeus
Quantas tíbias, quantos fêmures
Quanta loucura de Deus!
Que mundo de mal-amadas
Com as esperanças perdidas
Que cardume de afogadas
Que pomar de suicidas!

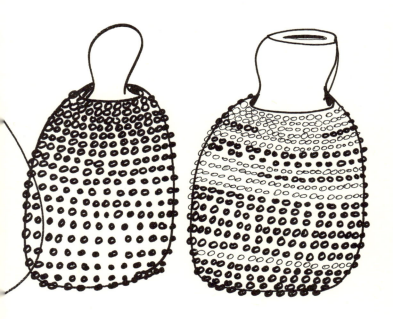

Que mar de entranhas correndo
De corpos desfalecidos
Que choque de trens horrendo
Quantos mortos e feridos!
Que dízima de doentes
Recebendo a extrema-unção
Quanto sangue derramado
Dentro do meu coração!

Soneto de inspiração

Não te amo como uma criança, nem
Como um homem e nem como um mendigo
Amo-te como se ama todo o bem
Que o grande mal da vida traz consigo.

Não é nem pela calma que me vem
De amar, nem pela glória do perigo
Que me vem de te amar, que te amo; digo
Antes que por te amar não sou ninguém.

Amo-te pelo que és, pequena e doce
Pela infinita inércia que me trouxe
A culpa é de te amar — soubesse eu ver

Através da tua carne defendida
Que sou triste demais para esta vida
E que és pura demais para sofrer.

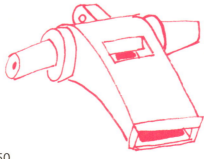

Amor

Vamos brincar, amor? vamos jogar peteca
Vamos atrapalhar os outros, amor, vamos sair
        [correndo
Vamos subir no elevador, vamos sofrer
        [calmamente e sem precipitação?
Vamos sofrer, amor? males da alma, perigos
Dores de má fama íntimas como as chagas de
        [Cristo
Vamos, amor? vamos tomar porre de absinto
Vamos tomar porre de coisa bem esquisita, vamos
Fingir que hoje é domingo, vamos ver
O afogado na praia, vamos correr atrás do
        [batalhão?
Vamos, amor, tomar *thé* na Cavé com madame
        [de Sevigné
Vamos roubar laranja, falar nome, vamos inventar
Vamos criar beijo novo, carinho novo, vamos
        [visitar N. Sra. do Parto?
Vamos, amor? vamos nos persuadir imensamente
        [dos acontecimentos vagos
Vamos fazer neném dormir, botar ele no urinol
Vamos, amor?
— Porque excessivamente grave é a Vida.

Na esperança
de teus olhos

Eu ouvi no meu silêncio o prenúncio de teus passos
Penetrando lentamente as solidões da minha
    [espera
E tu eras, Coisa Linda, me chegando dos espaços
Como a vinda impressentida de uma nova
    [primavera.
Vinhas cheia de alegria, coroada de guirlandas
Com sorrisos onde havia burburinhos de água clara
Cada gesto que fazias semeava uma esperança
E existiam mil estrelas nos olhares que me davas.
Ai de mim, eu pus-me a amar-te, pus-me a amar-te
    [mais ainda
Porque a vida no meu peito se fizera num deserto
E tu apenas me sorrias, me sorrias, Coisa Linda
Como a fonte inacessível que de súbito está perto.
Pelas rútilas ameias do teu riso entreaberto
Fui subindo, fui subindo no desejo de teus olhos
E o que vi era tão lindo, tão alegre, tão desperto
Que do alburno do meu tronco despontaram
    [folhas novas.
Eu te juro, Coisa Linda: vi nascer a madrugada
Entre os bordos delicados de tuas pálpebras
    [meninas
E perdi-me em plena noite, luminosa e espiralada

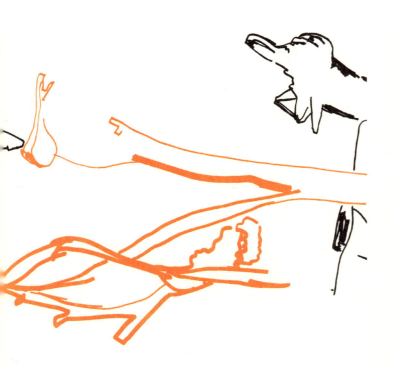

Ao cair no negro vórtice letal de tuas retinas.
E é por isso que eu te peço: resta um pouco em
[minha vida
Que meus deuses estão mortos, minhas musas
[estão findas
E de ti eu só quisera fosses minha primavera
E só espero, Coisa Linda, dar-te muitas coisas
[lindas...

[RIO, 1966]

Soneto de fidelidade

De tudo, ao meu amor serei atento
Antes, e com tal zelo, e sempre, e tanto
Que mesmo em face do maior encanto
Dele se encante mais meu pensamento.

Quero vivê-lo em cada vão momento
E em seu louvor hei de espalhar meu canto
E rir meu riso e derramar meu pranto
Ao seu pesar ou seu contentamento.

E assim, quando mais tarde me procure
Quem sabe a morte, angústia de quem vive
Quem sabe a solidão, fim de quem ama

Eu possa me dizer do amor (que tive):
Que não seja imortal, posto que é chama
Mas que seja infinito enquanto dure.

[ESTORIL, OUTUBRO DE 1939]

Referências dos poemas

- Poema dos olhos da amada,
  in *Novos poemas* (II)
- Soneto do maior amor,
  in *Poemas, sonetos e baladas*
- A mulher que passa,
  in *Novos poemas*
- Ternura,
  in *Novos poemas*
- Soneto do Corifeu,
  in *Livro de sonetos*
- Carne,
  in *O caminho para a distância*
- A brusca poesia da mulher amada,
  in *Novos poemas*
- Soneto do amor total,
  in *Novos poemas* (II)
- Ausência,
  in *Forma e exegese*
- Retrato de Maria Lúcia,
  in *Para viver um grande amor*
- Soneto de Montevidéu,
  in *Livro de sonetos*
- Cântico,
  in *Poemas, sonetos e baladas*

- *Petite histoire naturelle*
  POEMA DE PAZES,
  in *Poemas esparsos*
- Soneto de contrição,
  in *Novos poemas*
- O mais-que-perfeito,
  in *Para viver um grande amor*
- Namorados no mirante,
  in *Para viver um grande amor*
- Soneto do amor como um rio,
  in *Livro de sonetos*
- Um beijo,
  in *Para viver um grande amor*
- Soneto de inspiração,
  in *Novos poemas*
- Amor,
  in *Poemas esparsos*
- Na esperança de teus olhos,
  in *Poemas esparsos*
- Soneto de fidelidade,
  in *Poemas, sonetos e baladas*

Vinicius de Moraes nasceu em 1913, no Rio de Janeiro. Diplomata, cursou a Faculdade de Direito, no Rio, e a Universidade de Oxford, onde estudou literatura inglesa. Ficou consagrado como um dos principais poetas de língua portuguesa desde seu livro de estreia, *O caminho para a distância*, lançado em 1933. Foi também cronista, dramaturgo e letrista. Ao assinar a adaptação da peça *Orfeu da Conceição* com Tom Jobim, os dois deram início a uma intensa e brilhante parceria, que se firmaria como a dupla precursora da Bossa Nova. Vinicius deixou sua marca definitiva no cancioneiro popular brasileiro, ao lado de uma vasta lista de amigos e músicos, que inclui Baden Powell, Chico Buarque, Carlos Lyra, Edu Lobo e Toquinho. Morreu aos 66 anos, em 1980, no Rio.

Copyright © 2016 by V. M. Cultural
Copyright das ilustrações © Filipe Jardim
www.viniciusdemoraes.com.br
www.facebook.com/ViniciusDeMoraesOficial
www.instagram.com/poetaviniciusdemoraes
www.youtube.com/viniciusdemoraes

*Grafia atualizada segundo o Acordo Ortográfico da Língua
Portuguesa de 1990, que entrou em vigor no Brasil em 2009.*

Capa e projeto gráfico MATEUS VALADARES
Revisão ANGELA DAS NEVES e HUENDEL VIANA

Dados Internacionais de Catalogação na Publicação (CIP)
(Câmara Brasileira do Livro, SP, Brasil)

Moraes, Vinicius de, 1913-1980.
Pela luz dos olhos teus/ Vinicius de Moraes;
ilustrações de Filipe Jardim.
— 1ª ed. — São Paulo: Companhia das Letras, 2016.

ISBN 978-85-359-2837-2

1. Poesia brasileira I. Jardim, Filipe. II. Título.
16-08102   CDD-869.1

Índice para catálogo sistemático:
1. Poesia: Literatura brasileira 869.91

Tipologias FAKT e PRACTICE
Papel PÓLEN BOLD, SUZANO S.A.
Impressão GEOGRÁFICA, MARÇO DE 2023

4ª reimpressão

Todos os direitos desta edição reservados à
EDITORA SCHWARCZ S.A.
Rua Bandeira Paulista, 702, cj. 32
04532-002 – São Paulo – SP
Telefone: (11) 3707-3500
www.companhiadasletras.com.br
www.blogdacompanhia.com.br
facebook.com/companhiadasletras
instagram.com/companhiadasletras
twitter.com/cialetras

A marca FSC® é a garantia de que a madeira utilizada na fabricação do papel deste livro provém de florestas que foram gerenciadas de maneira ambientalmente correta, socialmente justa e economicamente viável, além de outras fontes de origem controlada.